O leão e o ratinho

Depois de um longo dia, ainda fazia muito calor nas savanas. Então, o leão resolveu tirar um cochilo enquanto a leoa e seus dois filhotes brincavam um pouco mais antes do anoitecer. Cuidadosamente, ele escolheu uma sombra embaixo do melhor arbusto da região, onde ninguém pudesse incomodar seu sono.

NÃO MUITO LONGE DALI, VIVIA UMA FAMÍLIA DE RATOS. ELES ERAM TÃO NUMEROSOS QUE NINGUÉM SABIA QUANTOS FILHOS O CASAL TINHA. O MAIS NOVO ERA O MAIS ESPERTO DE TODOS E ADORAVA DESBRAVAR LUGARES E FAZER NOVAS AMIZADES.

TODOS OS DIAS, ANTES QUE O RATINHO SAÍSSE PARA SUAS PERIPÉCIAS, SUA MÃE JÁ GRITAVA DE DENTRO DA TOCA:

— TOME CUIDADO COM A VELHA CORUJA!

— DEIXE COMIGO, MÃE. SEI BEM COMO DRIBLÁ-LA! — RESPONDIA ELE.

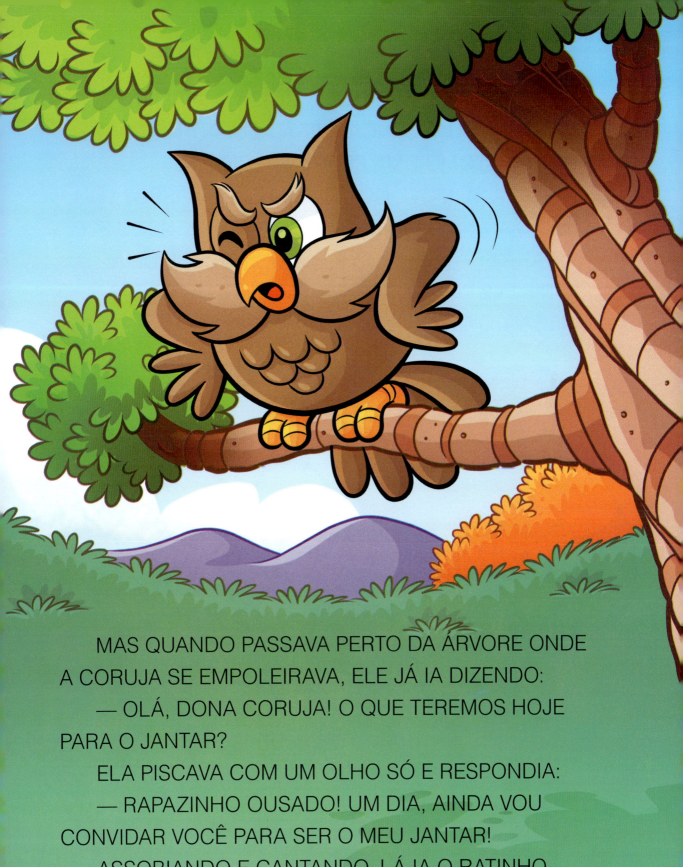

MAS QUANDO PASSAVA PERTO DA ÁRVORE ONDE A CORUJA SE EMPOLEIRAVA, ELE JÁ IA DIZENDO:

— OLÁ, DONA CORUJA! O QUE TEREMOS HOJE PARA O JANTAR?

ELA PISCAVA COM UM OLHO SÓ E RESPONDIA:

— RAPAZINHO OUSADO! UM DIA, AINDA VOU CONVIDAR VOCÊ PARA SER O MEU JANTAR!

ASSOBIANDO E CANTANDO, LÁ IA O RATINHO PARA MAIS UMA AVENTURA.

MAS, NAQUELE DIA, UMA COISA DIFERENTE CHAMOU A SUA ATENÇÃO. ERA AZUL-TURQUESA E BRILHAVA COMO UMA PEDRA PRECIOSA!

— ELA SE MOVE NO AR! O QUE SERÁ ISSO? VOU SEGUIR AS PISTAS DESSE MISTÉRIO! — PENSOU ELE.

PARA SUA SORTE, ELA POUSOU SOBRE UMA FLOR E ELE PÔDE OBSERVAR MELHOR A BELEZA QUE TANTO O ENCANTOU.

— OLHA, ELA TEM ASAS! E ANTENINHAS!
FOI SÓ O RATINHO TERMINAR A FRASE QUE ELA DESATOU A VOAR DE NOVO. MAS, DESTA VEZ, TÃO RÁPIDO, QUE ELE MAL PÔDE COORDENAR AS PERNAS PARA ACOMPANHÁ-LA.

QUANDO O RATINHO SE DEU CONTA, JÁ ESTAVA SOBRE UM MONTE DE FENO FOFINHO, DE COR CARAMELO. PARA A SUA ALEGRIA, A BELEZA PELA QUAL SE AVENTUROU ESTAVA ALI PARADINHA, A POUCOS CENTÍMETROS DELE.

— UFA, PENSEI QUE VOCÊ NÃO FOSSE SOSSEGAR. AGORA QUERO VER VOCÊ DE PERTO.

MAS, QUANDO ELE TENTOU SE APROXIMAR, TEVE UMA SURPRESA DESAGRADÁVEL.

— AIIII! — GRITOU O RATINHO — ESTOU PRESO!

AO VOLTAR-SE PARA TRÁS, VIU QUE SEU RABO ESTAVA DEBAIXO DA PATA DO LEÃO! ENTENDEU QUE AQUILO NÃO ERA FENO, MAS O CORPO GRANDE E FORTE DO REI DAS SAVANAS.

A ESSA ALTURA, O LEÃO, MUITO BRAVO POR TER SIDO ACORDADO, RUGIU TÃO ALTO QUE FOI POSSÍVEL OUVI-LO A QUILÔMETROS DALI!
— DESCULPE-ME, MAJESTADE. EU NÃO PRETENDIA DESPERTÁ-LO DO SEU SONO REAL! — GAGUEJOU, A-PA-VO-RA-DO, O PEQUENO RATO.
— EU SÓ ME DISTRAÍ ENQUANTO BRINCAVA. POR FAVOR, ME DEIXE IR EMBORA.

— VOCÊ ME ACORDOU E ESTOU FURIOSO! POR QUE DEVO LIBERTÁ-LO? — INDAGOU O LEÃO.
— MEU SENHOR, SE EU DEMORAR PARA VOLTAR PRA CASA, MINHA FAMÍLIA VAI FICAR PREOCUPADA.
O LEÃO SOLTOU OUTRO RUGIDO, MAIS FORTE AINDA, E CONTINUOU:
— VOCÊ AINDA NÃO ME CONVENCEU, RATINHO!

A CABEÇA DO RATO FERVIA ENQUANTO PENSAVA NUMA SAÍDA PARA ESCAPAR DALI VIVO. ENTÃO, TEVE UMA ÓTIMA IDEIA.

— MAJESTADE, SE ME LIBERTAR, EU O SERVIREI POR TODA A VIDA. ASSIM, PODEREI RETRIBUIR O FAVOR QUE O SENHOR ME FAZ AGORA.

O REI DAS SAVANAS MAL PÔDE CONTER O RISO EM FORMA DE RUGIDO.

— ISSO É UMA PIADA! — DISSE O LEÃO, EM MEIO A GARGALHADAS.

— COMO UM SER TÃO PEQUENO AJUDARIA UM ANIMAL GRANDE COMO EU? — CONTINUOU O LEÃO. E O RATO SÓ QUERIA VOLTAR PARA CASA...

— MAS VÁ EMBORA E NÃO VOLTE A PERTURBAR O MEU SONO. VOCÊ É TÃO PEQUENO QUE NÃO SERVE NEM DE PETISCO.

TEMPOS DEPOIS, O LEÃO FOI CAÇAR. ESSA ERA A FUNÇÃO DA LEOA, MAS ELA QUIS DESCANSAR E COUBE A ELE LEVAR COMIDA PARA CASA.
O LEÃO OLHAVA PARA OS LADOS QUANDO... "PLUFT". CAIU NUMA ARMADILHA! POR MAIS QUE TENTASSE SE LIBERTAR, ELE NÃO CONSEGUIA.
O JEITO FOI PEDIR SOCORRO.
— ROARRRR! ROARRRR! ROARRRR!

ALGUNS ANIMAIS CORRERAM PARA VER O QUE ACONTECIA, ENQUANTO OUTROS FUGIRAM. O RATINHO TAMBÉM OUVIU O RUGIDO DO LEÃO.

— É UM PEDIDO DE SOCORRO DE SUA MAJESTADE!

A HIENA RIA, ASSIM COMO O COELHO:

— HÁ! HÁ! NUNCA MAIS SEREI PERSEGUIDO!

ENTÃO, O RATO SUBIU PELA ÁRVORE E ROEU A REDE DO LEÃO. QUANDO A LEOA CHEGOU, VIU O MARIDO AGRADECER AO RATO E DISSE:
— VOCÊ PODE SER O MAIS PODEROSO, MAS UM DIA VAI PRECISAR DA AJUDA DO MAIS FRACO.